शब्द सरोज

(काव्य संग्रह)

सुमन पाठक

।। भवानीशंकरौ वन्दे श्रद्धाविश्वासरूपिणौ ।।

शिव पार्वती

के

श्री चरणों में

सादर समर्पित।

सुमन पाठक

*

*

*

*

*

*

*

*

*

*

ISBN

पुस्तक. शब्द सरोज

(काव्य संग्रह)

लेखिका-

सुमन पाठक

प्रथम संस्करण. .2022
मूल्य. बैक आवरण पर मुद्रित है

प्रकाशक

एक्सप्रेसपब्लिशिंग

नम्बर.8 3.क्रासस्ट्रीट
तमिलनाडु 600004 ; मद्रास

फोन-91 44 46315631

क्रम-सूची

क्रम-सूची

क्रम-सूची

प्रस्तावना

अपनी बात-

मूकं करोति वाचालं ,पंगुं लंघयते गिरिं ।
यत्कृपा तमहं वन्दे, परमानंद माधवम।।

ईश्वर की कृपा के बिना कोई भी कार्य सम्भव नही है। मैं राम जी की कृपा की पात्र हूं कि नहीं ये तो मैं नहीं जानती पर हाँ किंचित मात्र अनुभव अवश्य करती हूँ ।

भगवान श्री कृष्ण की जन्म स्थली में निवास करने का जो सौभाग्य मुझे मिला है ये मेरे जीवन का परम आनंद है।

मेरा लेखन से दूर दूर तक कोई नाता नहीं था लेकिन ये बात जरूर है कि मुझे पुस्तकें पढ़ना उपन्यास , कविता, कहानियाँ ,धार्मिक साहित्य ,आदि में बचपन से ही रूचि थी और इसका कारण कि मेरे पिता जी ने मुझे रामायण-महाभारत की कथाएँ ही कहानियों के रुप में सुनाई हैं। माता-पिता के द्वारा दिए हुए संस्कार, चरित्र व व्यक्तित्व के प्रति निरन्तर सचेत रहने की शिक्षा व संस्कार ही जीवन को नये रुप में गढ़ने का अवसर प्रदान करते रहे।

यही कारण है कि जब भी कोई घटना आसपास घटती है तो मन व्यथित हो जाता है मन के भाव कविता के रूप में पन्नों पर उतर आते हैं।

मैं लेखन में कब और कैसे आई ये ठीक ठीक तो मैं भी नहीं कह सकती हूँ। पर हां मैंने अपना पहला लेख एक निवेदन पत्र के रूप में भगवान शिव को समर्पित किया था उसके बाद जो भी विचार मन में आते तो कविताओं के रुप में गढ़ने लगी।

बच्चों की पढ़ाई, अपनी भी पढ़ाई, घर के सारे काम-काज, पारिवारिक और सामाजिक दायित्वों को निभाते हुए मैं यहां तक पहुंच पाई हूं इसमें मुझे पूर्ण सहयोग मिला मेरे (पतिदेव)श्री कृष्ण विहारी पाठक जी का ,जो श्रीकृष्ण जन्मस्थान में पूजाचार्य के पद पर कार्यरत हैं। मेरे बच्चों का भी सहयोग रहा है। अंजू दीदी का भी बहुत सहयोग है उन्होंने भी मेरा बहुत साथ दिया है जीवन में बहुत लोग मिलते हैं किन्तु ऐसे बहुत कम लोग मिलते हैं जो साथ-साथ चलने लगें। मैं आभार व्यक्त नहीं करना चाहती बल्कि आभारी बने रहना चाहती हूँ।

अब तक मेरी संघर्ष यात्रा काव्य यात्रा में परिवर्तित हो गई थी। 2014 में आकाशवाणी मथुरा केंद्र से काव्य पाठ और वार्ताओं का प्रसारण आने लगा । वामांगी , कर्मनिष्ठा, राष्ट्र समर्पण , साहित्य प्रीत , उजाला मासिक, बालकिलकारी आदि पत्रिकाओं में रचनायें व लेख प्रकाशित होने लगे । 2017मे आदरणीय अनिल गहलौत जी की सजल सर्जना समिति से जुड़े। इसके बाद डां0 दिनेश पाठक शशि जी से फोन पर परिचय हुआ। डां0 दिनेश पाठक शशि जी निरंतर मेरा साहित्यक सहयोग कर रहे हैं। पुस्तक प्राकशित हो ये तो चाहती थी पर कैसे हो, यह मैं नहीं जानती थी। ये जो पुस्तक आपके हाथों में है इसमें पूरा मागदर्शन डां0 दिनेश पाठक शशि जी का ही है । आदरणीय दिनेश पाठक सर का में बहुत बहुत आभार व्यक्त करती हूँ।

आगे मैं लेखन और प्रकाशन हेतु उत्साहित रहूं इसके लिए आप सभी का स्नेहाशीष आवश्यक है। पुस्तक 'शब्द सरोज' के बारे में आपकी राय मुझे आगे बढ़ने के लिए प्रेरित करेगी।

सादर धन्यवाद। जय श्री कृष्णा।

सुमन पाठक

श्रीकृष्ण जन्म स्थान, मथुरा-281001 मोबा-8755051752

भूमिका

संस्कृत साहित्य में आचार्य विश्वनाथ ने कहा है- वाक्यं रसात्मकं काव्यम्।अर्थात रसपूर्ण वाक्य कविता है। इस प्रकार काव्य वह वाक्य रचना है जिसे पढ़कर अथवा सुनकर चित्त किसी रस की अनुभूति प्राप्त करे।

कविता का जन्म हृदय के भावों के प्रबल होने पर, मस्तिष्क से उद्भूत विचारों के सामंजस्य के साथ होता है। अतः कविता के लिए हृदय पक्ष ही प्रधान है। यह भी कहा जा सकता है कि जिसका हृदय पक्ष प्रबल हो, वही कविता का प्रणयन कर सकता है, उच्च बौद्धिक पक्ष इसके लिए अनिवार्य नहीं है।

वर्तमान में अनेक रचनाकार हैं जो अपनी लेखनी से काव्य रचनाओं का सृजन कर रहें हैं। उनमें युवा कवयित्री श्रीमती सुमन पाठक का नाम भी शामिल है। यूं तो सुमन पाठक कई वर्ष से साहित्य साधना में लीन हैं तथा समय-समय पर उनकी गद्य एवं पद्य की अनेक रचनाएँ विभिन्न पत्र-पत्रिकाओं में प्रकाशित होती रही हैं और आकाशवाणी से प्रसारित होती रही हैं किन्तु प्रकाशित कृति के रूप में "शब्द सरोज" उनकी पहली कृति है।

इस काव्यसंग्रह में उनकी 64 रचनाएं समाहित की गई हैं। मां सरस्वती की वंदना व सर्वशक्तिमान से प्रार्थना के उपरांत समसामयिक परिस्थितियों से जुड़ी कविताएं हैं। इन कविताओं में हमारा देश भारत शीर्षक से कविता है तो राष्ट्रगीत शीर्षक से भी एक कविता है। वीर सावरकर और अटलविहारी वाजपेयी शीर्षक की भी एक-एक कविता है तो वहीं महादेवी वर्मा पर भी उन्होंने अपने उद्गारों को प्रस्तुत करते हुए उनके व्यक्तित्व का अद्भुत रेखाचित्र खींचा है।

इस संग्रह की कविताओं में कवयित्री सुमन पाठक ने सामाजिक रूढ़ियों पर अपना विरोध दर्ज किया है तो आत्मविश्वास और आशावादिता का दामन थामे रहने का आह्वान भी किया है।

गहन तम भी चीर कर बढ़ते चलो तुम,

राह धुंधली हो कदम फिर भी न रोको। (पृष्ठ- 8)

बेटी बचाओ बेटी पढ़ाओं के नारे के नीचे बेटे को विस्मृत कर देने वालों से कविता बेटा/बेटी में बेटे को पूरी तरह नकार देने का भी वह विरोध करती नजर आती हैं। मातृभाषा हिन्दी की विशेषताओं पर प्रकाश डालते हुए वह कहती हैं-

हिंदी में ही तुतला कर बोलना कभी हम सीखे थे।

क ख ग घ से पढ़ना लिखना भी पहले सीखे थे।

बिना कहे भी भाव हृदय के समझे यह वो भाषा है।

मधुर प्रेम स्नेह प्रदर्शित हिंदी की परिभाषा है।

मात-पिता व भाई-बहन सा प्यार छुपा है हिंदी में ।(पृष्ठ- 12)

आधुनिकता के नाम पर आज कुछ नारियाँ भारतीय संस्कृति को विस्मृत कर शालीनता को त्यागकर उच्छृंखलता को अपनाने में हिचकती नहीं, कवयित्री ने अपनी कुछ रचनाओं में इस बात की भर्त्सना करने में भी कोई संकोच नहीं किया है। ऐसी नारियों पर व्यंग्य करते हुए वह अपनी कविता-'महिलाएँ आगे बढ़ रही हैं में कहती हैं-

अब पति पत्नी का सात जन्म का नही रहा नाता।

तब तक ही हम साथ रहेंगे जब तक मन भाता।

न चरित्र व्यक्तित्व किसी का न सिद्धांत रहे।

काम वासना प्रेम है इनका ये परमान चढ़े।

हे प्रभु भारत की भूमि को इस युग से मुक्त करो ।

करती सुमन प्रार्थना अंतर्मन की पीर हरो ।। (पृष्ठ- 28)

'धरती माँ के वीर दो' कविता मे उन्होंने किसान और सैनिक के महत्व पर प्रकाश डाला है तो बात बात में बात कविता में मनुष्य की चपलता, छल-छद्म और झूठ-फरेब की आदत को बुरा बताया है।

कवयित्री ने देश, समाज और घर-गृहस्थी के विविध रूपों को गहनता से महसूसा है। अपने बच्चों के हित के लिए माता-पिता को कभी-कभी उनके साथ कठोर व्यवहार भी करना पड़ता है, इसी बात को उन्होंने अपनी कविता-'अक्सर होना पड़ता है' में बहुत ही मार्मिक शब्दों में व्यक्त किया है-

अक्सर होना पड़ता है

नाराज़ जिगर के टुकड़ों से।

अक्सर वो कोमल निश्छल

मुस्कान भुलानी पड़ती है। (पृष्ठ-30)

वर्तमान युग, अति आधुनिकता का युग है। इसमें प्रत्येक प्राणी की दिनचर्या, व्यवहार और चिंतन की सीमाएँ बदल रही हैं। ऐसे में आधुनिक विद्यार्थियों की सोच में एक विस्फोटक, नकारात्मक दृष्टिकोण का दृष्टिगोचर होना कवयित्री को अशान्त कर उठता है। यही चिंता उनकी कविता -'बच्चे पढ़ रहे हैं' में परिलक्षित हो रही है।

किन्तु कैसे शांत हो मन, का कमल एक पल यहाँ,

संस्कृति ,संस्कार जेबों में, पड़े जब सड़ रहे हैं । (पृष्ठ- 24).

कवयित्री ने पर्यावरण प्रदूषण और खाद्यान्नों में मिलावट पर भी अपनी चिंता व्यक्त की है कविता-'एक ओर कूआँ दूसरी ओर' खाई' में । चूंकि साहित्य समाज का दर्पण कहा जाता है, साहित्यकार जो कुछ समाज में देखता है उसकी लेखनी उसे व्यक्त करने का प्रयास अवश्य करती है। श्रीमती सुमन पाठक ने भी कोरोना काल की त्रासदियों को अपनी कविता-'समय की विपरीत

धारा' में व्यक्त किया है।'

वर्तमान पीढ़ी के खान-पान की रूचियों पर भी विदुषी सुमन पाठक ने चिंता व्यक्त की है-'पायेंगे क्या हमसे बच्चे' कविता में। जीवन में श्रम और साहस को सफलता का बीजमंत्र बताया है उन्होंने -'उम्मीदों का ताना-बाना' तथा 'जग में होता नाम तभी' कविताओं में। 'डूबता सूरज कहे' कविता में उन्होंने आधुनिकता के आडम्बरों पर चिंता व्यक्त की है तो-'संवेदनाएँ रही नहीं' अपनी कविता में सुमन पाठक संवेदनशून्य होते जा रहे इंसान की मानसिकता पर चोट करते हुए वह कहती हैं-

कुछ लोग तरसते पैसे को

कुछ पैसे से तरसाते हैं ।

पैसों के खातिर अपनों पर

विजली बन कर गिर जाते हैं। (पृष्ठ- 48)

कहना अतिशयोक्तिपूर्ण नहीं होगा कि युवा कवयित्री सुमन पाठक का कैनवास का फलक बहुत विस्तृत है। इस संग्रह की अपनी कविताओं में उन्होंने सूक्ष्म से सूक्ष्म और बृहद से बृहद सभी परिस्थितियों, विषमताओं, रूढ़ियों, आस्थाओं और विश्वासों, उमंगों तथा नैतिकताओं और वर्जनाओं पर खुलकर बात की है। कविताओं में नयापन अपने आप को पढ़ते जाने पर बाध्य करता है। हिन्दी साहित्य जगत में पुस्तक-'शब्द सरोज' का भरपूर स्वागत होगा, ऐसी आशा है।

डॉ. दिनेश पाठक 'शशि'

28, सारंग विहार, मथुरा-281006

मोबाइल-9870631805

1. माँ सरस्वती

माँ सरस्वती मुझको दे दो ऐसा वरदान।
मेरे मन का हे माँ हर लेना सब अज्ञान
पथ हो मेरा उज्वल,मन हो मेरा निर्मल।
दो सहनशक्ति इतनी,सह लू में हर मुश्किल।
इस घोर अंधेरे से कर देना पूर्ण निदान......
जीवन में मेरे माँ तम का न एक कण हो।
हो जाऊं स्वार्थ रत ऐसा न एक क्षण हो ।
दुख की रजनी से माँ कर देना नवल विहान
तुम ही बुद्धि दाता तुम ही शक्ति दाता।
इस सकल चराचर की तुम ही तो हो माता।
हे वीणा वादिनि माँ करना सबका कल्यान
माँ भाव मेरे मन का स्वीकार सदा करना।
मेरी लेखनी में माँ सद्भाव सदा भरना।
अंतर्मन से ये सुमन करती तेरा गुण गान...

2. युगल सरकार

युगल सरकार की जय हो,
जगत आधार की जय हो।
मान- मनुहार की जय हो,
प्राण आधार की जय हो।

मुकुट सिर मोर की जय जय,
चपल चित-चोर की जय जय।
घटा-घनघोर की जय जय,
अमियरस धार की जय हो....

मधुर मुस्कान की जय जय,
मुरलिया तान की जय जय।
अधर धर गान की जय जय,
मेरे करतार की जय हो।

मृदुल छवि अंग की जय जय,
श्यामल रंग की जय जय।
राधिका संग की जय जय,
प्रेम के सार की जय हो।

अनौखी रीति की जय जय,
अनूठी प्रीति की जय-जय।
निराली जीत की जय जय,
सुमन बलिहार की जय हो।

3. हे गंगाधर हे शिव शंकर

हे गंगाधर, हे शिव शंकर,
हे महादेव, हे गौरी वर।
हे कैलाशी ,घट- घट वासी,
हे त्रयंबकम, हे रामेश्वर।
बालेंदु भाल, हे नीलकंठ,
मुंडो की माल, हे शिव हर हर।
हे दुःख हर्ता, हे सुख कर्ता,
हे अविनाशी, शशांक शेखर।
हे आशुतोष, औढरदानी,
हे भोलेनाथ ,हे वरदानी।
हे त्रिपुरारी, हे असुरारी,
हे विश्वनाथ, हे विषपानी।
हे डमरूधर, करूणावतार,
हे गुणातीत, संसार सार।
कर दो कृपा, हे शिव शम्भू,
अर्पित करती हूं, सुमन हार।
हे भक्ति के आचार्य सुनो,
भक्ति की शक्ति, प्रदान करो।
वैराग्य ज्ञान के, पथ पर भी,
ममता से निज, मन मुक्त करो।
संसार सिन्धु में ये नैया,
डगमग -डगमगं ,अब डोले है।
नैया टूटी ,पतवार छिन्न,

बस एक सहारा भोले हैं।

4. राष्ट्रगीत

उठो धरा के वीर सपूतो, भारत भूमि पुकार रही।
आशा भरी निगाहों से हम, सब की ओर निहार रही।
भारत की गौरव गाथा को , पढ़ कर क्यों हम भूल गये
क्यों विसराया उन वीरों को, जो फाँसी पर झूल गये।
निज हित इतना प्रबल हो गया, राष्ट्र प्रेम मानवता से
आज देश की पावन मिट्टी, पल-पल यही विचार रही...
आशा भरी......
भगतसिंह, शेखर, सुभाष का, ही यह भारत देश है।
विश्व पटल पर नई क्रान्ति, लाने वाला परिवेश है।
याद करो सुखदेव, राजगुरु, तात्या, मंगलपांडे भी
जिनको करके याद भारती अब तक आँसू ढार रही....
आशा भरी....
सबके माता-पिता पुत्र थे, घर परिवार सभी का था।
किन्तु महत्त्वाकांक्षी इतना, तब का मानव कभी न था।
प्रबल प्रेम की चरम रेख से, पार गये थे जो बेटे।
जिनकी ताकत देख कांपती गोरों की सरकार रही.....
आशा भरी....
हम गणतंत्र मनाते नियमित, आजादी का दिवस सही,
किन्तु गुलामी का अंधियारा, अब तक हमसे दूर नहीं।
निज बोली भाषा-संस्कृति को, अब तक मान न दे पाये
सिसक रही है हिन्दी अपनी, अंग्रेजी फुसकार रही।

5. माँ...

माँ महज एक शब्द नहीं है,
पूरा जीवन सार छुपा है ।
जब-जब चोट लगी बच्चे को,
तब-तब माँ का हृदय दुखा है।
माँ से है जीवन की आशा,
माँ ही है जग की परिभाषा।
माँ ही मन की गति को जाने,
माँ समझे नैनों की भाषा ।
कितनी फिक्र सताती माँ को,
नींद नहीं आती है माँ को ।
पाँच मिनट आने की देरी ,
घर बाहर दौड़ाती माँ को ।
माँ का हृदय तो बहुत बड़ा है,
कोमल है पर बहुत कड़ा है ।।
कोई और छुए ना तुझको,
तू मेरे दिल का टुकड़ा है ।।
पल -पल तुझे निहार के जी लूँ ,
हर सुख तुझ पर वार के जी लूँ।।
ओझल मत होना नैनों से ,
तेरी हर विपदा को पी लूँ।।

6. आत्मविश्वास

बनाये रखा मैंने अपना,
सदैव आत्मविश्वास।
दीपक सा टिमटिमाते हुए,
करती रही मन में प्रकाश।
मैं एक ग्रहणी हूँ फिर भी,
संजोए रखा स्वप्निल आकाश।
सुमन हूँ बिखराऊँगी
सकारात्मकता की सुगंध आस- पास।।
जीवन का क्या आज है कल नहीं,
जिंदा रहना है मुझे रचनाओं के रूप में।।
बाधायें कितनी भी आयें,
कदम भले ही डगमगाये।
चलती रहेगी जब तक ये स्वाँस,
बनाये रखूँगी मैं आत्मविश्वास।।

7. हम अभी गन्तव्य तक पहुँचे नहीं हैं...

हम अभी गन्तव्य तक पहुँचे नहीं हैं,
राह में थक हार कर रुकना मना है।
जो न समझें दूसरों के भाव को,
उसके सम्मुख कदाचित झुकना मना है ।
आयें कितने मोड़ दुर्गम से भी दुर्गम,
किंतु सम्मुख साहसी के कौन ठहरा ।
हो कठिन दीवार कितनी लंबी-ऊँची,
उद्यमी की राह पर न कोई पहरा।
हमको गति देनी है अपनी चाल को,
राह में कितना अंधेरा भी घना हो।
जो न समझे ....
आस व विश्वास औरों पर भरोसा,
करके अक्सर मिलता ही है सिर्फ धोखा।
खुद पर कर विश्वास चलता चल निरंतर,
मग के कंकड़ पत्थरों ने किसको रोका।
रौंद कर बढ़ता गया जो कुरीतियों को,
अन्त में फिर मित्र उसका जग बना है।
जो न समझे ....
गहन तम भी चीर कर , बढ़ते चलो तुम,
राह धुंधली हो कदम, फिर भी न रोको।
जो न चाहे तुमको, अपने अंतर्मन से,
सत्य है कि झूठ तुम, उसको न टोको।

एक दिन ये सत्य निष्ठा ही जगत पर छायेगी,
फिर तुम्हारे ही लिए ये जग बना है ।
जो न समझा ....

8. बेटा-बेटी

एक सत्य तो यह भी है, इसको भी स्वीकार करो।
भाग्य हमारा बेटे भी हैं, इनको भी तो प्यार करो ।
बेटों को क्यों कमतर आंकें, यह तो अच्छी बात नहीं,
बेटे भी हैं देन प्रभु की, क्या यह सच्ची सौगात नहीं ।
माना बेटे बैठ डोलियों में, बस विदा नहीं होते,
किंतु जीविका की खातिर, वह भी तो विरह में हैं रोते ।
बेटी को भी पिता- भाई व पति -पुत्र का प्रेम चाहिए,
इतने सारे जीवन के रिश्तों को मत बेकार करो......
भाग्य हमारा.....
न्याय और कानून आरक्षण, इतना सब कुछ बेटी को,
धन अभाव में प्रतिभाशाली, कितने बेटे बलिवेदी को।
चहुं दिशि डंका आज बज रहा, बेटी सिर्फ बचाना है,
क्या बेटों का अस्तित्व नहीं कुछ, इनको नहीं पढ़ाना है?
लाइन में पहले बेटी है, बेटो तुम इंतजार करो ......
भाग्य हमारा........
बेटी बनकर मात-पिता पर, जान निछावर करती है,
किंतु ससुर और सास, जेठानी, देवर-ननद से लड़ती है।
पति को केवल कठपुतली सा सिर्फ नचाना सीखी है,
इतनी कर्कश हृदय संगिनी फिर भी कहती जरा तीखी है।
मर्यादा सौहार्द प्रेम व ममता भरा हृदय भी नहीं,
प्रेम चाहिए बेटों को भी जीना मत दुश्वार करो.......
भाग्य हमारा......
हैं बेटा- बेटी दोनों ही सृष्टि का अंग अभिन्न सदाँ,

यह गौरव है वह मर्यादा, संस्कार शील आदर्श सदाँ।
यह दोनों ही एक दूजे के प्रतिपूरक तत्व कहे जाते,
बेटियाँ जहाँ से आती हैं, बेटे भी वहीं से हैं आते।
है राम यही घनश्याम यही, नानक, कबीर, रसखान हुए,
सीता, सावित्री, मीरा, लक्ष्मी, इस गाथा का विस्तार करो.......
बेटे भी हैं भाग्य हमारा, इनको भी तो प्यार करो.....

9. मातृभाषा हिन्दी

आन बान व शान मधुर, व्यवहार छुपा है हिंदी में।
भारत की मर्यादा का, संसार छुपा है हिंदी में।
हिंदी में ही तुतला कर, बोलना कभी हम सीखे थे,
क ख ग घ से पढ़ना- लिखना, भी पहले सीखे थे।
बिना कहे भी भाव हृदय के ,समझे यह वो भाषा है,
मधुर प्रेम स्नेह प्रदर्शित, हिंदी की परिभाषा है।
मात-पिता व भाई-बहन सा, प्यार छुपा है हिंदी में ।
भारत की मर्यादा का ....
सदियों से ये रही सिसकती ,जंजीरों में बंधी रही,
मुगलों के फिर अंग्रेजों के, शासन में ये रुंधी रही।
हम को आजादी देने में, योगदान हिंदी का है,
कब समझेंगे मान भारती का, हिंदी से बिंदी का हैं।
भारत की गौरव गाथा का, सार छुपा है हिंदी में,
भारत की मर्यादा का............
मातृभाषा को ठुकरा कर, उन्नति, प्रगति का पथ लखते,
जहाँ मधुर, मृदु कुसुम बिछे हैं, उन पर ही खंजर रखते।
आजादी के वर्ष चौहत्तर, बीत गए हैं पर अब तक,
स्वार्थ, छलावा, कपट , द्वेष , अग्नि में निश-वासर सिकते।
निज संस्कृति को दे तिलांजलि, पाश्चात्य अपनाते हैं,
अन्तःकरण स्पर्श करें वो संचार छुपा है हिन्दी में......
भारत की.........
हिन्दी के खातिर जन -जन को, हवन यज्ञ करना होगा,
आहुति में हिंदी भाषा में, हस्ताक्षर करना होगा।

अंग्रेजी में सिर्फ पठन-पाठन हो, एक व्यापारी सा,
रॅग-रॅग में हिन्दी बस जाये,कोई जतन करना होगा ।
अनुकरणीय व्यक्तित्व चरित्र, किरदार छुपा है हिन्दी में...
भारत की.........
जिसने दी आजादी हम उसकी स्वतंत्रता भूल गये,
जिसने तार-तार कर डाला, उस संस्कृति में फूल गये।
निज बोली भाषा संस्कृति का, अब तो कुछ सम्मान करो।
क्यों सकुचाते हो हिन्दी से, अंग्रेजी में तूल गये।
राष्ट्रप्रेम मानवता का आकार छुपा है हिन्दी में.......
भारत की मर्यादा.......

10. गंगा-यमुना

गंगा-यमुना को निर्मल हो, अविरल धारा में बहने दो।
पृथ्वी पर स्वच्छ हवाओं को, चिर अनंत तक बहने दो।
प्रकृति की हर एक शाखा का, हैं तार जुड़ा जन-जीवन से,
प्रकृति से ही हैं जन्म-मरण, मानव विकास नवजीवन से।
छाया हैं जो कोहराम अर्थ संचित करने की मंशा से
प्रकृति से मत खिलवाड़ करो, इसको ऐसे ही रहने दो......
अब महल दुमहले तो छोड़ो, सौ-सौ मंजिल तक बनते हैं,
प्रकृति का हैं जहाँ मूल वास, अब वही आक्रमण करते हैं।
अब हरे-भरे जंगल जमीन, पेड़ों पौधों को काट रहे,
थोड़ा सा अर्थ कमाने को, नदियों लहरों को पाट रहे।
फिर भी मानव निज जीवन को, है स्वस्थ-स्वच्छ रखना चाहे
मानव परिवेश तो छोड़ चुका, प्रकृति परिवेश में रहने दो......
ये सिर्फ एक जल धार नहीं, ये माँ है शक्ति स्वरूपा है,
हम निज स्वार्थों में लीन सदा, अनभिज्ञ द्वेष मय कूपा हैं।
ये जीवन दायिनी माँ गंगा, हमने ही इनको भ्रष्ट किया,
वर्षों तक माँ ने कैमीकल, सीवर लाइन का जहर पिया।
लें आज यहाँ संकल्प सभी, हम पौधे खूब लगायेंगे,
हो स्वस्थ, स्वच्छ जीवन सबका, ऐसा मन भाव विचरने दो....

11. हस्तलिपि

हस्तलिपि कैसी भी हो, पर शब्दों का सही चयन हो।।

समझा पायेंगे हम सबको, पहले खुद के खुले नयन हो।

निज सुख-दुख से ऊपर उठ कर, अपनों का दुख-सुख पहचानें,

उनके दुख को निज दुख समझें, उनके सुख को निज सुख मानें।

झूठ कपट छल छोड़ सदा ही, सत्य प्रेम सम्वाद अयन हो.....

समझा पायेंगे.......

केवल स्वार्थ भरी मटकी बन, सिन्धु सफलता में मत डूबो,

निज कर्तव्य भान हो उर में, तारीफों के मद से ऊबो।

अधिकारों को लड़ो कभी मत, कर्तव्यों का भार वहन हो.....

समझा पायेंगे...........

बोलो मत इतना कर्कश, कि शब्द शूल बन जायें

छल भी ऐसा कभी न करना, फूल शूल बन जायें।

भाव लगाव नेह का धागा, ही पावन उपवन हो......

समझा पायेंगे.........

केवल श्रेष्ठ मानते धन को, सब उपलब्धि भुलाई,

चली कहाँ से प्रथा हमारी, आज कहाँ पर आई।

वेद शास्त्र की नीति भुला कर, कैसे उच्च श्रवन हो.......

समझा पायेंगे.....

12. वक्त तो गुजर रहा है

वक्त तो गुजर रहा है, ज़िन्दगी भी चल रही।।

आज हर कदम कदम पर, भावना मचल रही।

चाहते हैं हम कि सच का, बोल बाला हो यहाँ,

तन के तो काले हो मगर, मन का न काला हो यहाँ।

द्वेष ईर्ष्या ही तो अब ज़िन्दगी बदल रही,

आज हर कदम....

आस्था के नाम पर है, सिर्फ छलावा यहाँ,

स्वार्थ परक नीतियों का, राग चल रहा यहाँ।

भाव- सद्भाव की जमीन आज ढल रही,

आज हर कदम....

मेरा ही भला हो आज, सबके मन में चढ़ गया।

भाव मानवता का छोड़ , सबसे आगे बढ़ गया।

जिंदगी है कितनी सी, और किस तरह से चल रही..

आज हर कदम....

पल का न भरोसा और, गुमान पीढ़ियों का है ।

खुद फिसल के गिर गये, कसूर सीढ़ियों का है।

कैसे पार जायेंगे , कश्ती ही हमको छल रही

आज हर कदम ....

13. पूछ रही हूँ...

पूछ रही हूँ पृथ्वी माँ से, तेरी करुण पुकार कहाँ।
पूछ रही हूँ जगदंबे से, तेरी शक्ति अपार कहाँ ।
कहाँ गया वो राम-भरत का, प्रेम भाई का परिचायक ,
कहाँ गई वो शक्ति राम की, थी जन -जन की दायक।।
हनुमान जैसी सेवारत , दष्टि भी अब कहाँ गई
कहाँ गया सद्भाव देश का, था मानवता का नायक ।
पूछ रही हूँ मैं जन- जन से, पहला प्रेम व्यवहार कहाँ
पूछ रही हूँ .....
माना कि रावण ने सीता, की माया का हरण किया,
किंतु वहीं पर पक्षीराज ने, रावण का विद्रोह किया ।
कदम नहीं पीछे खींचा , लड़कर मृत्यु को वरण किया ,
आज भेड़ियों की नश्लों, ने मानवता का क्षरण किया ।
रावण के सन्मुख लोहा ले, ऐसा वो अवतार कहाँ..
पूछ रही हूँ ..
आज सिर्फ स्वार्थ है जग में, दूजा कोई नाम नहीं,
चीख पुकार दगा धोखा है, दूजा कोई काम नहीं।
ले करके विश्वास हाथ में, पीछे छुरा घोंपते हैं ,
कोई नही अब रिश्ता जग में, होता जो बदनाम नहीं ।
केवल काम वासना से तो, जीवन का उद्धार कहाँ.......
पूछ रही.......
राग द्वेष का तम हर् लें, जग में फिर से वह सूर्य उगे ,
भाई-भाई की हदय वृथा को, समझे ऐसा भाव जगे ।
गुरु- शिष्य के बीच निशा भी, धन दौलत की छट जाए ,

मानव के मानव से फिर से, रिश्ते हो सब प्रेम पगे ।
जीवन में तम ही तम है , निस्वार्थ वह उजियार कहाँ
पूछ रही.......
आशुतोष औढरदानी तुम , वरदानों की खान सदाँ ,
अमृत रखो जटा बीच पर, करते हो विषपान सदाँ ।
इस जगती में व्याप्त हलाहल, का फिर से तुम पान करो,
मानव की विकृत प्रवृति का , अवलोकन हो यदा कदा।
सुमन प्रेम से गाये फिर से, सावन में मल्हार का कहां
पूछ रही ......

14. रावण का पुतला

अगर जलाने से पुतले के , जलती कहीं बुराई।
तो धरती पर लेस मात्र भी, रहती नही बुराई।
क्योंकि सदियाँ बीत गयी हैं, पुतला जलते जलते।
ऊपर से सज्जन दिखते हैं, उर में द्वेष है पलते।
मन का द्वेष पाप कर्मों का , हमें बदलना होगा ।
सत्य और निश्छलता के ही , पथ पर चलना होगा।
पुतले दहन की परम्परा है, उसे नष्ट अब कर दो।
इन पैसों से दीन दुखी वंचितों, के घर सुख भर दो।
प्रकृति इशारा करती है , अब हमें न और सताओं।
हम गर्मी से तपे हुए है, और न आग लगाओ।
मानव क्यूँ होता जाता है, दिन प्रतिदिन ही भ्रष्ट।
हवा और पानी का गहरा, संकट है स्पष्ट।
द्वेष ईर्ष्या स्वार्थ कपट का , मोह छोड़ दो भाई।
पुतले कितने अधिक जलालो, जलती नही बुराई।

15. धरती माँ के वीर दो

धरती माँ के वीर दो
सबसे बड़े महान ।
एक करें रक्षा सीमा पर।
एक भरे घर धान।
धरती माँ के सीने पर जब
हल किसान धरता है।
और भरोसे ईश्वर के
बीजारोपण करता है।
वारिस यदि न हो तो,
सारी फसल सूख जाती है।
अधिक हुई यदि बर्षा तो,
खेतों में सड़ जाती है।
गर्मी- सर्दी का किसान को,
होता क्या आभास नहीं।
भूख–प्यास, आराम त्यागना,
क्या यह कोई त्रास नही।
कभी- कभी तो पकी फसल,
पर ओले तक पढ़ जाते हैं।
जो सबको भोजन देता,
उसको लाले पड़ जाते हैं।
नेता हो या व्यापारी हो,
या अफसर सरकारी हो।
दूध, दही, फल, सब्जी के

ये तब ही अधिकारी हो।
जब किसान के हित में निज,
कर्तव्य निभाना जाने ।
हित किसान का देश का,
हित है अंतर्मन से माने।
सदियों से क्यों झेल रहा है
एक वर्ग ही मार बड़ी।
करते कठिन परिश्रम फिर भी
पग- पग पर है हार खड़ी।
मेहनत पूरी साल करें फिर भी
कुछ हाथ न आता है।
सबको भोजन देने वाला
भूखा क्यों रह जाता है।।

16. महादेवी वर्मा

वह दीप शिखा सी जली सदाँ।
दुख की बदली सी घिरी सदाँ ।
बनकर स्मृति की रेखाएं ,
वह मन पर अंकित रही सदाँ।।
नीरजा सा विकसित ज्ञान कोष।
पथ के साथी सा शब्द कोश ।
थे तार हृदय के संस्मरण।
अग्नि रेखा सा रहा शेष ।
रश्मि सा था आलोक मृदुल
यामा में जाता सुख दुःख धुल ।
अज्ञात सत्ता की अभिलाषी।
निखरी ममता करुणा में घुल ।
वह एक अलौकिक शक्ति थी।
भाषा सौष्ठव की भक्ति थी।
उपमा थी आधुनिक मीरा की ।
वो स्वयं स्वयं की मुक्ति थी ।
था प्रकृति प्रेम अंतर्मन में।
थी मानवता भी आचरण में।
आक्रोश और विद्रोह सिमट
जाता था उनके लेखन में ।।
करुणा भी दया भी ममता थी
नारी मूर्ति मय समता थी।
नीरस व सरस समन्वय को।

अंतर्हित करती क्षमता थी।।
किसके चिंतन में नीर भरी।
दुख की बदली बन जाती थी।
किसके स्वागत में वो प्रति- पल ।
नयनों के दिये जलाती थी।।
आ जाओ सिर्फ तुम एक वार
अंतर्मन किसे पुकार रहा।
पथ पर आलोकित दीप शिखा।
सा मन नित राह निहार रहा है।।

17. बच्चे पढ़ रहे हैं

दौर ये होता कठिन कि ,जब ये बच्चे पढ़ रहे हैं।
नित्य नूतन कामनाएँ, हम हदय में गढ़ रहे हैं।
देख कर पल- पल हदय, हर्षित हमारा हो रहा।
चन्द्र सम मुख बिन्दु उनका, नित चमक में खो रहा।
मैं हूँ अच्छादित निरन्तर, साथ में परछाई सी ,
लग रहा आदर्श के गिरि, पर तनय ये चढ़ रहे हैं......
नित्य नूतन...........
किन्तु जब होते बड़े तो , मन भी इनका है भटकता।
क्या सही व क्या ग़लत की, ग्रन्थियो में है अटकता।
हर बुराई से बचाकर , दूर कैसे ले के जाये ,
हमको भाता है अलग कुछ, वो और भाषा पढ़ रहे हैं..........
नित्य नूतन..........
ये तो सच है मन किसी का, भी बंधा रहता नही।
मन की अवस्था अस्थिरता, और स्थिरता सही।
किन्तु कैसे शांत हो मन, का कमल एक पल यहाँ,
संस्कृति ,संस्कार जेबों में , पड़े जब सड़ रहे हैं ....
नित्य नूतन...........

18. आज महीनों बाद गये

आज महीनों बाद गये, माधव स्कूल सुनो।
हो न जाये तुमसे, बेटा कोई भूल गुनो ।
मित्र मंडली देख किसी के, पास नहीं तुम जाना।
अगर पास कोई आये तो, हाथ न उससे मिलाना।
अपना खाना अपना पानी, सेनेटाइजर रखना।
हाथ ग्लव्स मास्क भी मुंह, पर सदा लगाते रखना।
विद्यालय के नल शौचालय , करना न उपयोग।
जैसे तैसे समय काटना , बहुत बुरा यह रोग।
अध्यापक से बात पड़े यदि, करना बहुत जरूरी।
तो भी रखना याद कि, रखना है दो गज की दूरी।
हो जाये प्रेक्टिकल तो तुम, सीधे घर पर आना।
कहीं किसी के साथ राह में, बेटा मत रूक जाना।
जब तुम घर पर आ जाओगे, तभी चैन पाऊँगी।
अपने मन की व्यथा लाल में , कैसे कह पाऊँगी।
पढ़ना लिखना बहुत जरूरी, हैं यह मैंने माना।
जीवन भी हो सदाँ सुरक्षित, सबसे बड़ा खजाना।
हे ईश्वर इस कोरोना से, मुक्त करो यह देश।
घूमे सुमन स्वच्छन्द, सभी जन हो निर्मल परिवेश।

19. नव संवत्सर है

वन उपवन छाई हरियाली, नव संवत्सर है।
घर- घर में आई खुशहाली, नव संवत्सर है।
चहुँ दिशि खिले पलास, वौर आमों पर आई।
कोयल ने भी कुहुक-कुहुक, की ध्वनि सुनाई।
नव पल्लव से सजी है डाली, नव संवत्सर है.....
घर-घर........
हर्षित है हर कृषक आज, श्रम का फल पायेगा।
हो धन धान्य से परिपूरित, सौभाग्य मनायेगा।
वाट जोहती संध्या लाली, नव संवत्सर है......
घर-घर...
चैत्र प्रतिपदा शुक्ल पक्ष का, पावन है ये दिन।
रहे उमंग सदा जीवन में, आनंदित निशदिन।
करें अनुग्रह शेरा वाली, नव संवत्सर है......
घर-घर.....
अवनि से अंदर तक ये जग ,सतत प्राकाशित है ।
रंग बिरंगे पुष्प पल्लवों से, नित्य सुवासित है।
सुमन लिए पूजा की थाली नव संवत्सर है....
घर-घर...

20. महिलाएं आगे बढ़ रही है

माना कि आज महिलाएँ, हर काम में आगे है।
जितना जो जैसा भी चाहे, करने में आगे है।
देखो तो समाज का, स्वरूप कितना बदल गया।
पुरूषों से आगे बढ़ने, का है ये सिलसिला ।
एक तो तीस से पैंतीस , की उम्र में शादी ।
ऊपर से मनमानी, करने की आदी ।
ऑफिस तुम जाते हो, मै भी तो जाती हूँ।
फिर भी घर आकर मैं, खाना बनाती हूँ
मै माँ हूँ बच्चों की तो, आप भी पिता होते हो ।
मैं ही जागूँ रात- रात भर ,और तुम चैन से सोते हो।
मैं ही क्यों अपने लिए, जरा समय न निकालू।
मैं ही घर परिवार ,और बच्चों को सम्भालू ।
लद गये वो दिन जब महिलाएं, घर में रहा करती थी।
दिन रात काम कर के भी, ताने सहा करती थी।
अब मेरे आपके कपड़ों में, कोई फर्क नहीं है।
महिला पुरुष समान है, इसमें कोई तर्क नहीं है।
पायल की बेड़ी और, हथकड़ियाँ चूड़ी की ।
तोड़ दी मैंने परम्परा भी अब तो साड़ी की ।
माथे पर सौभाग्य सूचिका, बिंदी नहीं रही ।
मै तो बोलू अंग्रेजी, अब हिन्दी नही रही ।
बालों को में नहीं गूंथती, माँग नहीं सिंदूर।
न करती इन्तजार पिया, का नहीं हूँ मैं मजबूर।

हाँ मैं तो अपने मात -पिता को, छोड़ के आई हूँ।
घर- परिवार सुहाने सपने, सब बिसराई हूँ।
तुम क्यों अपने मात- पिता, को साथ लिए बैठे।
बृदाश्रम इनको भी छोड़ो, ये रहते ऐंठे ऐंठे।
अब पति पत्नी का साथ, जन्म का नही रहा नाता।
जब तक ही हम साथ रहेंगे, तब तक मन भाता।
न चरित्र व्यक्तित्व किसी का, न सिद्धांत रहे।
काम वासना प्रेम है इनका, ये परमान चढ़े।
ममता करूणा दया क्षमा, अब भाव नहीं नारी का।
महिला का अब है स्वरूप घर में क्रांतिकारी का ।
नव जातों को छोड़ डे, केयर बड़े होस्टल जाते।
खाना पकता नही घरों , में होटल से मंगवाते ।
हे प्रभु भारत की भूमि को, इस युग से मुक्त करो ।
करती सुमन प्रार्थना , अंतर्मन की पीर हरो ।

।

21. बात बात में बात

बात बात में बात कहाँ से कहाँ, पहुँच जाती है ।
यूं ही करना बहस किसी से, नीति न सिख लाती है ।
सत्य सदाँ कड़वा होता है, कम होता स्वीकार।
छल प्रपंच का मधुरस लेकर, करते सब व्यवहार।
बातों में किसको कैसे , उलझाये एक कला है।
सीधा और सपाट सत्य तो ,सच में एक बला है।
परम हितैषी जो जन होते- रहते हैं दुविधा में।
झूठ बोलना है अधर्म, और सत्य नही सुविधा में।
कैसे हो निर्वाह धर्म का, मानव सोच रहा है।
मधु रस में निज स्वार्थ लेप कर, सबको सोंप रहा है।
इसीलिए विश्वास प्रेम ने, कर ली सबसे दूरी।
चेहरे की मुस्कान नहीं यह, ये तो है मजबूरी।
सीखा हमने हुनर की पैसा, अधिकाधिक कमाए।
राष्ट्र प्रेम व धर्म संस्कृति, में क्यों समय गंवाए।

22. अक्सर होना पड़ता है

अक्सर होना पड़ता है,
नाराज़ जिगर के टुकड़ों से।
अक्सर वो कोमल निश्छल,
मुस्कान भुलानी पड़ती है।
सच कहते हैं लोग कि ,
मूरत में परिवर्तित करने को।
पत्थर के भी सीने पर,
छैनियां चलानी पड़ती है।
कैसे ममता भरा हदय निष्ठुर,
कर के दिखलाते हैं ।
वो सॉरी-सॉरी करते हैं,
हम नजरें नही उठाते हैं।
आगे पीछे घूम के जब ,
थक जाते हैं नन्हे से कदम ।
तब सीने तक मोड़ के घुटने,
चुपके से सो जाते हैं।
बच्चें जब सो जाते हैं तब ,
वात्सल्य के सिंधु उमड़ते।
चुम्बन करते हैं कितने भी।
उनके बालों को सहलाते।
नज़र लगे न इन्हें किसी की ,
हे प्रभु इनकी रक्षा करना।
डाँट-पीट की सुध आती तो,

हँसते-हँसते हम रो जाते ।
इन्हें सुरक्षित रखना है ,
जगती की सभी बलाओं से।
हे ईश्वर ये सिद्ध हस्त हो,
जग की सभी कलाओं से।
दुःख वह मजबूरी का काँटा ,
कभी न इनको चुभने पाये।
लाल मेरे कुछ ऐसा करना ,
गर्व से तेरी माँ कह पाये।
माँ अपने बच्चों से एक पल,
दूर नहीं रह पाती है।
जरा हुए ओझल नयनों से,
तो कितना घबराती है।
हदय प्रीति मुख बचन कठोरा,
की युक्ति अपनाती है।
सदाँ "सुमन" सा महके जीवन,
बस एक आश लगाती है।

23. एक ओर है कुआं दूसरी ओर खाई है गहरी

न पेड़ों पर चिड़िया चहकैं,
बहती नहीं हवा अति सुन्दर।
जल भी कितना हुआ मलिन अब,
भला नही जाने में बाहर।
कोई भी खाद्यान्न शुद्ध अब,
मिलता नही जतन कुछ भी हो।
कैसे कहै हदय की पीड़ा,
राहत नही टशन कुछ भी हो।
बचपन भी अब बोझ तले है,
फूल- शूल सब साथ पले है।
हुआ मानसिक द्वंद्व असीमित,
अपनों से ही सदाँ जले हैं।।
प्रेम और सद्भाव किसी के,
मन तक नही पहुँच पाता अब ।
केवल स्वार्थ बसा है उर में,
परहित नही समझ आता अब ।
जीवन सार हीन सा लगता,
हर दिन नयी विपत्ति है आगे ।
एक ओर है कुआँ दूसरी ओर खाई है गहरी,
अब किस ओर भला हम भागें

24. समय की विपरीत धारा,

समय की विपरीत धारा,
में कदम कैसे जमायें।
चाहते हैं पार जाना,
डर है कि न डूब जायें।
काम धंधे रुक गये है ,
सिर्फ खर्चे चल रहे हैं।
मन हैं हारे तन थके है,
बस चाँद सूरज ढल रहे हैं।
हैं नहीं अब आश कोई,
मन बहुत बैचेन है।
बीतता मुश्किल से दिन है
सोच डूबी रैन है।
है नहीं मिलना किसी से,
दूर रहना है सभी से।
चाय काढ़ा पीते पीते ,
बीतेंगे क्या ?दिन खुशी से।
हे प्रभु जंजाल को अब तो हटा दो,
कष्ट सारे जगत के अब तो मिटा दो।
हो सुखी व स्वास्थ्य सब जन,
निज चरण में लगन ऐसी लगा दो।

25. पायेंगे क्या हमसे बच्चे

पायेंगे क्या हमसे बच्चे, तनिक विचार करें।
आने वाली पीढ़ी के, हित में व्यवहार करें।
हमसे पहले जीने वाले, खूब दुरूस्त रहे।
हम भी आपा- धापी करके, कुछ तो चुस्त रहें।
खान -पान व रहने- सहन, क्यों बदल गया इतना
भाव रहें कर्तव्य निष्ठ तबही अधिकार करें......
शुद्ध हवा व शुद्ध ही जल, शुद्ध मिले फल फूल इन्हें।
घर का पका शुद्ध खाना ही, खाने की लत लगे इन्हें।
इडली डोसा गर्म समौसा , और कचौड़ी भी भाये।
किन्तु चाऊमीन, पिज्जा, बर्गर का वहिष्कार करें......
बच्चों से कुछ चाहो तो , खुद भी आलस छोड़ो।
पूजा- पाठ धर्म ,संस्कृति, आध्यात्म और रुख मोड़ों।
सिर्फ पढ़ाई न हो ऐसी, अर्थ कमाना जाने
धर्म बचे आदर्श रहें ऐसे संस्कार करें.....
आज के बच्चे ही तो है, कल का भविष्य भारत का।
पाठ पढ़ रहे बच्चे अपने, केवल अब स्वार्थ का।
रॅग रॅग में जो लहू बह रहा, उसमें सत्य सनातन हो
सुमन प्रेम हो मातृभूमि से वो उपचार करें ...

26. अटल बिहारी वाजपेई

रोज नहीं आते वो नेता, जिनका अटल इरादा हो।
रोज नहीं आते वो नेता, जिनका खुद से वादा हो।
मातृ भूमि पर तन मन, अपर्ण कर देने वाले बंदे ।
मन से दृढ़ संकल्पित हो, व दिखने में वह सादा हो।
नाम अटल है काम अटल है, जीवन अटल रहेगा ही ।
न अब है न होने वाला ,पूरा देश कहेगा ही ।
जाने कितने किरदारों से ,किया देश का फर्ज अदा।
बच्चा- बच्चा आज रो रहा, देश तो याद रखेगा ही।
कैसे देश भुला सकता है, नभ के उस उजियारे को ।
कैसे देश भुला सकता है, सबकी आँख के तारे को।
राज ,धर्म की नीति और वो, परमाणू के उद्घोषक।
कैसे भूल सकेगा कोई , देश के प्राण प्यारे को।
कर लें जो संकल्प कभी न, विचलित उससे होते थे ।
दशा देखकर भारत की वो अंतर्मन में रोते थे।
सदाँ आम का बीज डाल कर, भी बबूल पाया करते।
फिर भी धीरज धरम त्याग को, रती भर न खोते थे।
खोया है जो आज देश ने, कभी न भरपाई होगी।
क्या ऐसी ऊसर बंजर भूमि, में नरमाई होगी ।
सुमन आश कि महापुरुष का, पुनर्जन्म हो भारत में।
मानस द्वंद्व मिटाने को क्या, फिर से अगुआई होगी ।

27. मुश्किलें

जिंदगी के किसी भी मोड़, जब भी आती मुश्किलें।
कुछ सिखाकर कुछ दिखाकर, पार करती मुश्किलें।
जिंदगी में मुश्किलों से, यूं न हिम्मत हारिए।
सीख देकर ही हमेशा , जायेगी ये मुश्किलें।
मुश्किलों में और मुश्किल, और दे हिम्मत हमें।
अब सम्भल जा अब सम्भल जा, मानो ये कहती हमें।
मुश्किलों के बिना जीवन , जीना बिना अंदाज है।
मुश्किलों के साथ जीना, एक अलग अंदाज है।
मुश्किलें और उलझने ही, मोड़ लाती है नया।
दुखी कर के फिर रुला कर, फिर हँसाती है सदाँ।

28. वीर सावरकर

नदियों तालाबों में, तो यूं सभी तैरते हैं।
सागर को जो पार करें, वो सावरकर है।
नौकाओं पर लहरों का सुख, सहज सदा लगता।
लहरों से दो- दो हाथ करें, जो वो सावरकर है।
अंतर्मन से प्रेम किसी से, करना सहज नही है।
विकट विषय घातक स्थिति, को सहना सहज नहीं है।
इतने पर भी देश प्रेम की, ज्योति प्रज्ज्वलित रखना।
उसी दिये से रोज हजारों, दिये प्रकाशित करना।
अनुकरणीय जो मार्ग बना दें वो सावरकर है.......
लहरों से......
वर्षों- वर्षों तक स्वजनों से, मिलने को जो तरसे।
मातृभूमि की देख दुर्दशा, अँखियाँ निशदिन बरसें।
राष्ट्र- प्रेम की सजा मिली जब ,उनको काला पानी।
फिर भी था उल्लास हदय में, हम है हिंदुस्तानी।
हो जिसका संकल्प समर्पण वो सावरकर है.....
लहरों से......
कलम से कागज पर लिख देना , सहज बहुत होता है।
सहज सुलभ मंचों पर भी, वक्तव्य मधुर होता है।
हाथ ,पैर व गर्दन तक, जकड़ी हो जंजीरों में।
निज लहू से संदेश लिख सके ,वो सावरकर है....
लहरों से..

29. बेटियाँ

संस्कृति व संस्कृत पर, है न्यौछावर बेटियाँ।
वेद की पावन ऋचायें, है हमारी बेटियाँ।
ये हमारी शान भी है आन भी है बेटियाँ
वेद की......
ये हमारे मूल का, विस्तृत हुआ संसार है।
ये हमारी भावनाओं , का प्रकट आभार है।
साज व श्रृंगार घर का, है हमारी बेटियाँ...
वेद....
धैर्य प्रथ्वी माँ सा इनमें, शक्ति दुर्गा माँ सी है।
रूप है ये लक्ष्मी का, और चंचलता भी है।
ज्ञान व संस्कार का, दर्पण हमारी बेटियां...
वेद ....
खुश भी रहती है हमेशा ,और खुशियाँ बाँटती।
प्रेम व सम्मान की ,डोरी से सबको बाँधती।
जिंदगी में सत्य का आधार है ये बेटियाँ....
वेद ...

30. उम्मीदों का ताना-बाना

उम्मीदों का ताना-बाना, हम दिन रात हैं बुनते।
कभी खत्म न धागा होता , कभी नहीं हम रुकते।
जैसे दिन में सूरज आता, रात में तारे चलते।
वैसे ही हम अपने मन, में सुंदर सपने बुनते।
वहाँ पहुँच कर हम जीवन में, सारी खुशियाँ पा लेंगे
वहाँ पहुँच कर हम जीवन, में साँस चैन की लेंगे।
ऐसा करते करते हम खो देते जीवन सारा
खुशियों को हम समझ न पाते, चैन न किया गंवारा।
सपने बुनो मगर ऐसे, जो बैचेनी न बरतें।
सपनों के चक्कर में गायब, सुख व चैन न कर दें।
जीवन बड़ी अमूल्य चीज है, पल- पल जियो खुशी से।
व्यर्थ न जाने पाये एक पल, लौटेगा न कहीं से।
जीवन में दौलत के पुजारी, करते हैं यह भूल ।
बिन अनुभव के मिलें न खुशियाँ जाते हैं वह भूल ।
अनुभव व मेहनत के बिन , इंशान नही कुछ पाता।
है हौसला बुलंद तो फिर वो, क्या से क्या कर जाता ।
साहस कभी न छोड़ो चाहे, जितनी हो कठिनाई।
साहस के ही बल पर लोगों, ने है सफलता पाई।
उम्मीदों का ताना-बाना बुनो, मगर यह सोचों।
सोच अगर है सकारात्मक, चाहो जहाँ वहाँ पर पहुँचों ।

31. मुस्कुराना

मुस्कुराना जिंदगी का राज है ।
मुस्कुराना जिंदगी का साज हैं।
मुस्कुराहट के बिना, वे जान हैं ये ज़िन्दगी।
मुस्कुराहट पर ही तो, बलिदान हैं ये ज़िन्दगी।
मुस्कुरा कर दिल का दुख , बाहर निकलता है सदाँ।
मुस्कुराहट ही तो है, जीने की एक सच्ची अदाँ।
न जाने किस मोड़ पर, ये जिन्दगी वे जान हो ।
उससे पहले मुस्कुरा कर अपनों पर बलिदान हो।
मुस्कुरा कर जिंदगी के, ग़म भी भूल जाइए।
मुस्कुरा कर अपनों के, करीब भी आ जाते।
मुस्कुराना राम जी, व श्याम जी की है अदाँ।
मुस्कुराती ही रहो सुमन, ज़िन्दगी में सदाँ ।

32. जिन्दगी

जिन्दगी अगर धूप है तो , छाँव भी है जिन्दगी।
जिन्दगी अगर शहर है तो, गाँव भी है जिन्दगी।
अगर मेहनत है तो, सुकून भी है जिन्दगी।
अगर रास्ता कठिन है तो , मंजिलें भी है जिन्दगी।
अगर चाहत है तो, मुहब्बत भी है जिन्दगी।
अगर बैचेनी है तो , राहत भी है जिन्दगी।
साथ है तो अकेला पन भी है जिन्दगी
अगर मुस्कान है तो , आँखें नम भी है जिन्दगी।
कितना भी हो करार, फिर भी कमी है जिन्दगी।
खुदगर्जी की धार में बस , बह रही है जिन्दगी।
कैसे कहेगा कोई कि , कुछ भी नहीं है जिन्दगी।
इस जहाँ में जो भी कुछ हैं, हैं सभी कुछ जिन्दगी।
थोड़ी समझ थोड़ा सा, धैर्य थोड़ा खुमार है
इस जहाँ की धार में, जिन्दगी पतवार है।।

33. बचपन

जीवन का आनन्द , बसा है तन मन में,
निश्छल मन की उमंग, बसी है बचपन में।
खाओ खेलों कुछ भी बोलों,
कोई न चिंता हमको ।
कोई जाये सो ले जाये,
साथ घुमाने हमको ।
घूमो फिरों मौज मस्ती,
के दिन जायेंगे बीत।
फिर आयेगी किशोर अवस्था,
बचपन के विपरीत।
लगेगा अंकुश बोल चाल पर,
और आने जाने पर ।
पढों लिखों कुछ ऐसा करना
गर्व कर सकें जिस पर।
मात- पिता का प्रेम कभी
कम होता नही दुलारों।
बस उनकी छोटी सी आशा
अपना जन्म सुधारों।

34. डूबता सूरज कहें

डूबता सूरज कहें या,
फिर निकलता चाँद है।
सभ्यता का अंत है या,
आधुनिक शुरुआत है।
क्या जमाने पर ये छाया,
एक अजब सा जोश है।
है नहीं रिश्तों की कीमत,
न किसी को होश है।
जा रहे जाने कहाँ पर,
न कोई अंदाज है।
ताज कोई भी नहीं फिर,
भी बने सरताज है।
जान ले दे कर भी अब,
दौलत कमाना है नशा।
चाहतें हैं दुनिया पर छाना,
उर में नहीं है मानवता ।
कैंसे रक्षा हो भला इस,
सभ्यता इस देश की ।
अब तो रक्षा तुम ही करना
हे शिवा इस देश की ।।

35. जादू है इस धूप छाँव में

जादू है इस धूप छाँव में,
जिसमें है हम पलते।
जैसे- जैसे बड़े हुए हम
जैसे है दिन ढलते।
जब हम पैदा हुए तो हमने
जाना क्या है दुनिया।
माता -पिता, भाई -बहनों
में ही सिमटी है दुनिया।
लेकिन जब हम बड़े हुए तो
स्कूल, कालेज जाना ।
मिलना -जुलना सैर सपाटे
को भी हमने माना।
जीवन में दुःख और सुख'
दौनो धूप छाँव के जैसे।
सुख को कभी ठहरते देखा
तो दुःख ठहरेगा कैसे?।
संयम -नियम और निश्छलता
मन में अपने रखना ।
बुरा वक्त भी सदा बीतता
इतना धीरज रखना।
अपने लिए जिए तो उनका
जग में कुछ न रहता ।

जो औरौ के लिए जिए तो
अमर जहाँ में रहता।।

36. भारत की आन, बान ,शान

भारत की आन, बान, शान पर
जो सरे आम लटक रही ।
जो हर देश प्रेमी के
हदय में खटक रही ।
वह है अंग्रेजी , अंग्रेजों की जो भाषा है।
हमारे देश भारत की, बनी वो परिभाषा है ।।
हेलो हाय भारत में, करते हैं सभी लोग।
माता- पिता नहीं मॉम, डैड कहते लोग।।
नाश्ते में ब्रेड, तोस लंच में
चाऊमीन, पिज्जा खाने के आदि है ।
अपने ही हाथों से अपनी
ही सेहत की करते बर्बादी है।
माता-पिता को वृद्धा श्रम में
छोड़ शान से रहते है
सभा गारों में माँ पिता की
महिमा गान करते हैं।
नारी की महिमा का
अर्थ नहीं जानती हैं
कदम से कदम मिलाने में
अपनी शान मानती हैं ।
पुरुषों को पीछे छोड़
आगे बढ़ रही है।

नारी सशक्तीकरण के नये
आयाम गढ़ रही है ।
माँग का सिंदूर और
मंगल सूत्र को छुपाती है।
सरेआम बाजारों में
लाज को लुटाती है
कैसे आशा करें हम
भारत की इमारत की ।
जब हमारे देश की "सुमन "
नींव ही लड़खड़ाती है ।

37. संवेदनाएँ रही नहीं

संवेदनाएँ रही नहीं सब,
कुछ पैसे पर निर्भर है ।
कुछ लोग तरसते पैसे को ,
कुछ पैसे से तरसाते है।
पैसों के खातिर अपनों पर,
बिजली बन कर गिर जाते हैं।
अब स्वाभिमान भी रहा नहीं
स्वार्थ पर सब कुछ निर्भर है.....
चिंता में रहते हैं वो भी जिन्ह,
पर पैसे बिन मुश्किल है ।
और चिंता में तो वो भी है
जिन्ह पर पैसे से मुश्किल है।
भोले पन की अब कद्र नहीं
आकर्षण पर सब निर्भर है....
दिन रात वही महीने साल वहीं,
चंदा भी वही, वहीं सुरज है।
बदला न नीर है वहीं समीर ,
इंशान बन गया है मूरत ।
यह बिना भाव का पुतला है
मानव ईमान तो जर जर है ।

38. भरोसा

भरोसा एक पल में किसी से
जुड़ता तो नहीं है ।
मगर एक पल में
भरोसा टूटता तो है।
भरोसे से किसी का दिल
अगर जीते नही तो क्या।
भरोसा टूटने पर दिल
किसी का टूटता तो है।
भरोसा चीज है ऐसी कि जिस बिन
जिन्दगी एक पल नहीं चलती।
भरोसा ही दिलाकर जमाना
ज़माने को लूटता तो है ।
कहें कैसे लिखें कैसे जमाने
की विषम गति को।
चाँदनी रात पर भी अब
अंधेरों का ही पहरा है ।
जलता हुआ चिराग
सुमन पूछता तो है।

39. मैं दिन -रात कल्पनाओं के सागर में

मैं दिन -रात कल्पनाओं के सागर में
अनवरत डूबती रहती हूँ।
तब कल्पनाएं मेरी,
भावना में उतर पाती है।
भावनाऐं भी मुझे मस्तिष्क
से हदय के बीच में घुमाती है।
तब कहीं कोई विचार रचना की
नदी बनकर कलम के बीच से
कागज पर उतर पाती है।
इस पर भी संतोष ,नही पाता है मन,
दिल में करूणा है, मन में आशा है।
जीवन में मेरी भी, कुछ अभिलाषा है,
वक्त गुजरता जा रहा है यूं ही।
वक्त के गुजरते पल को,
कुछ निशानी दे दो तुम भी।
न तुम रहोगी न, तुम्हारी कहानी रहेगी,
न सोहरत रहेगी न, जवानी रहेगी।
वक्त के आंचल में जो, तुम चार पल भी डाल दोगे,
सदियों तक सम्हालें तेरी जुवानी रहेगी।
किसी की तड़प अपने ,सीने से भले मत लगाओ ।
पर किसी के होंठों से ,उसकी हँसी मत छीनो।
जिन्दगी बड़ी अनमोल हैं साहब,

लोग जरा से स्वार्थ में किसी की,
जिंदगी तक छीन लेते हैं।
बार- बार ये पूछ रहा है मेरा मन,
करुणा, आशा, निराशा का है ये संगम।
क्या ? सुमन यही है जीवन ।

40. हे ईश्वर मैं जो भी चाहूँ

हे ईश्वर मैं जो भी चाहूँ, वो मिल जाए मुझे ।
तो इस भारत की वहीं, सादगी चाहूँगी।
राग द्वेष और चमक- दमक से दूर कहीं।
भारत की फिर वही बानगी चाहूँगी।
ऋषि मुनियों की धरती, तप का तेज यहाँ।
प्रेम, ज्ञान का रवि , उगता हैं रोज जहाँ।
विश्व गुरु कहती हैं, दुनिया भारत को
भारत की फिर वही रोशनी चाहूंगी....
हे ईश्वर.....
जीवन जिसका अंधकार में अटक गया।
पश्चिम के इस चमत्कार में भटक गया।
धुंधला सा हो गया चाँद जो संस्कार का,
भारत की फिर वही चाँदनी चाहूँगी...
हे ईश्वर...
राम , कृष्ण, तुलसी, नरसी व सूर कहाँ
अनसुईया, सीता, सावित्री, सा नूर कहाँ।
चमक -दमक में अंधी है अब नारी शक्ति
भारत की फिर वही सादगी चाहूँगी...
हे ईश्वर.....

41. फूल का इतिहास

फूल का इतिहास, बस इतना सा है।
मुस्कुराता ही हैं, वो हर हाल में।
चाहें कुचला जाये , कदमों के तले।
या छुपा बैठा रहे, वह डाल में।
किन्तु खोता है नहीं, स्वाभिमान वो।
और करता भी नहीं, अभिमान ही।
है सुकोमल सुमन सा, कोई और ना।
होता काँटों से घिरा, दिनमान भी।
फूल का अरमान भी होता बड़ा।
किन्तु दो राहें पे है हरदम खड़ा।
सीस हरि , हर के चढ़ूँगा क्या? कभी,
या किसी शव पर रहूँगा मैं पड़ा।
राष्ट्र प्रेमी के गले का हार बन ।
या बिछाया जाऊँगा में राह में।
शाम ढलते ही सिसकता शूल में,
फिर सुबह खिलता नयी एक चाह में।
फूल से है भाव मानव का अलग।
मुस्कुराता है नहीं वह उम्र भर।
है सुमन जीवन मिला एक बार ही।
मान पाता है नहीं वह उम्र भर।

42. अंतर्मन का द्वन्द्व

मेरा मन मेरे मन से दिन रात द्वन्द्व करता है।

एक आसमान छूना चाहे एक सागर में रहता है।

एक संस्कार की बदली से रिमझिम बरषा करता है।

एक अविष्कार के नभ को भी दिन रात नमन करता है।

एक मन मेरा बूझे मुझसे।

आधुनिक समय की रचना में।

खो मत जाना इतनी गहरी

आध्यात्मिक, धर्म, कल्पना में।

मन ही मन में मन को हराया करती हूँ।

आशा नित प्रति नयी जगाया करती हूँ।

कुछ कर पाने के चिंतन में ही तो पल पल।

जीवन का हर छण बिताया करती हूँ।

जब तक जीवन है , ऐसा कुछ कर पाऊँ।

जीवन न रहने पर , याद किसी को आऊँ।

संस्कार की शैली से ,कुछ ऐसे छन्द बनाऊँ।

मर्यादा हो राघव की, केशव की प्रीति दिखाऊँ।

चुप रह कर रूक जाना , प्रतिभा नहीं समझती।

किन्तु अकड़ कर आगे, बढ़ना आदत नही समझती।

सुमन हृदय हैं बहुत सुकोमल निश वासर ही

दया, क्षमा, करुणा, ममता, में विचरण करती।

43. प्राकृतिक आपदा उत्तराखंड 2013

प्राकृतिक आपदा कहर कहूँ।

प्रकृति का उगला जहर कहूँ।

या कहूँ कोप शिव शंकर का,

या फिर जल ही को जहर कहूँ।

घर से निकले थे लोग, सुसज्जित होकर।

मन में आशा दर्शन, करने की लेकर।

लेकिन प्रभू को कुछ, और कहर ढाना था।

मानवों को दुःख , और विपत्ति देकर।

नभ फटा बहा अम्बर से ऐसा नीर।

बड़ा बे पीर कलेजा चीर गया।

हो गया दुखित यह देश मिला

संदेश वक्त भी ठहर गया।

जल ही जीवन है पर, बना मौत का कारण।

कैसी दुविधा का था, यह सख्त निवारण।

लाखों की हुई है मौत, इसी के कारण ।

कर लिया प्रलय का, रूप धरा ने धारण।

उस महा प्रलय ने, कई -कई गोद उजाड़ी।

ममता व वात्सल्य, की नींव उखाड़ी।

कई- कई माँगों को दिया सिर्फ सूनापन।

लाखों जीवन में , उथल- पुथल कर डाली।

जल लील गया लाखो , तन अपने उदर में।

हुआ महा- प्रलय का रूप भूमि पर पल में।

कुछ समा गयें है गिरते ही भूतल में ।
कुछ रहे तड़पते हफ्तों तक भूथल में।
फिर भी नेता अफरा- तफरी सी मचा रहे।
महा प्रलय की ज्वाला में , राजनीति को पका रहे।
लोग तरसते वहाँ एक, जल बूँद और खाने को।
वो अपनी गरिमा व , सत्ता को बचा रहें।
है धन्य मगर यह देश , कि फर्ज जवान निभाते।
तन मन से अर्पण होकर , जीवन तक भेंट चढ़ाते।
मर कर मिट कर सौहार्द, अमर हो जाता हैं।
भारत भूमि का वीरों से, बड़ा पुराना नाता हैं।
हे शिव बस यही प्रार्थना हैं
जो समा गये सैलावो में।
उस मृत्यु को तुम धन्य बना।
ले लेना अपने धामों में।
जो बच्चे दीन हीन हो कर
तड़पें है पल -पल अपनों को।
उनकी भी विपदा हर लेना ।
सच करना उनके सपनों को।
सुमन प्रार्थना करें, यही शिव शंकर,
देश सदा खुशहाल , बनाये रखना।
जो घाव प्रकृति ने, दिये हदय पटल पर।,
उन घावों को , अपनी कृपा से भरना।

44. जग में होता है नाम तभी

जग में होता है नाम तभी।
जब मग में आगे बढ़ते हैं।
टकराते हैं हर मुश्किल से।
नित आगे बढ़ते रहते हैं।
है आश उन्हें नभ छूने की
सागर की गहराई नापें ।
हो कितनी जटिल समस्याएं।
फिर भी अपनी हिम्मत भापें।
करते रहते जो हर कोशिश।
अपनी आशाओं के खातिर।
मग रोक नही सकती कोई।
बाधा कितनी भी हो शातिर ।
है कदम चूमता नभ उनके
करतें हैं देव सदा छाया ।
निष्कंटक मग हो जाता है।
प्रभु करते हैं ऐसी माया ।

45. अखबार

सुबह-सुबह घर पर मेरे , जिस दिन न आये अखबार।
ऐसा लगता है कि जैसे हो , किसी अपने का इंतजार।
अपने निर्धारित टाईम से , पाँच मिनट न आये तो।
ऐसा लगता क्यो नहीं आया, खबर कोई दे जाये तो।।
तुझ बिन सूनी सूनी सुबह , लगती है मेरे अखबार.....
ऐसा लगता....
स्वास्थ्य सम्बन्धी खबरें मिलती, और धार्मिक सुन्दर लेख
।
किसने किसको कितना, पीटा चोरी हत्या के संदेश।
राजनीति की उठा पटक फिर, नेताओं के पलट वार .....
ऐसा लगता.....
ख़बरें टीबी चैनल भी , जोर शोर से दिखलाता।
लेकिन अखबार के जैसाआनंद, टी बी कभी न दे पाता।
चाय की प्याली एक हाथ में, एक हाथ में हो अखबार .....
ऐसा लगता.....
सौंदर्य करण के नये- नये नुस्खे, अखबारों में आते हैं।
फिल्मी दुनिया की भी खबरें, घर -घर में पहुंचाते हैं।
तीज और त्योहारों का भी, अखबारों में है विस्तार....
ऐसा लगता.....
सामान्य ज्ञान किस्सा कहानियाँ, अखबारों का हिस्सा है।
शिक्षा से सम्बंधित ख़बरें , अखबारों का हिस्सा है।
बार बार दरवाजा देखूँ, अब तक न आया अखबार......
ऐसा लगता.....

नयी- नयी चीजे आने का, जिक्र भी करता है अखबार।
कब लॉंच हुई कब होने वाली, ये भी बतलाता अखबार।
रहता है सुमन सभी को ही, पहले पढ़ने का इंतजार.......
ऐसा लगता.....

46. राष्ट्रीय गीत

यह स्वतंत्र भारत है देखो, शान निराली है इसकी ।
आन ,वान व शान पर मर, मिटने वाली इसकी मिट्टी।
इस मिट्टी में जन्म लिया था, स्वामी विवेकानंद ने।
दुनिया में परचम लहराया, जीवन के पर चंद में।
अपना जीवन किया समर्पित, भारत के स्वाभिमान को।
हर क़ीमत पर बचा के रक्खा, भारत की इस शान को ।
बाहर वालों को दिखलाई अपनी बंद सदा मुट्ठी......
आन बान शान.......
नेता जी सुभाष व शेखर, की जाऊँ बलिहारी मैं।
जीवन के आखिरी पलों तक, रहे देश अनुहारी में।
राज गुरु और भगत सिंह ने भी कर्तव्य निभाया ।
मौत सामने देखी फिर भी, तनिक जोश न नरमाया ।
कर ही डाली है आखिर, अंग्रेजी सत्ता की छुट्टी ....
आन बान शान......

47. देश भारत

संस्कृति और सभ्यता का, प्रतीक है यह देश भारत।
अनेकता में एकता का, प्रतीक है यह देश भारत।
सौर्य व कर्तव्य निष्ठा, राष्ट्र का सौभाग्य है।
कुरीतियों का अंत करता, है सदा से देश भारत ।
अर्कमंयों के लिए तो, देश यह रोता नही।
हर असम्भव को भी संभव, कर दिखाता देश भारत।
देश है यह कर्मठों का , सूर वीरों की जमीं ।
इस जमीं पर मधुर फल, ही उगाता देश भारत।
हिन्दू मुस्लिम सिख हो, या फिर कोई ईसाई हो
फर्ज मानवता का ही , सबसे निभाता देश भारत।
जान से तो खेलना है, और देशों की अदा ।
दूसरों को जान देकर , भी बचाता देश भारत।
प्रार्थना प्रभू से है कि, देश यह फूले फलें।
सुमन सा मुस्कुराता, ही रहें यह देश भारत।

48. हम जिस देश में रहते हैं

हम जिस देश में रहते हैं,
पहले उस देश को नमन करें।
फिर जिस प्रदेश में रहते हैं,
उसका भी हम स्मरण करें।
फिर जिस परिवेश में रहते हैं,
उसकी मर्यादा को जाने ।
जिस संस्कृति में हम जन्मे है,
उस संस्कृति को भी पहचानें।
स्मरण रहे कि संस्कृति का,
अपमान नहीं होने देंगे।
इस मिट्टी का मान बचाने को,
दुनिया भर से लोहा लेंगे।
सुख से जीना कर्तव्य नहीं,
सौभाग्य नहीं धन पाने में।
सौहार्द अमर होता उसका,
दुखियों को गले लगाने में।
कुछ लोग देश को छलते है,
दिन-रात नये षड़यंत्रों से।
प्रकृति उनको करती है
विफल निज वैकल्पिक यंत्रों से।
जीवन में मान कमाना है,
तो सम्मान बांटना सीखें ।

औरौं का दिल तो जीतें ही
मन की इकछाओं को जीते ।

49. एक पेड़ था (छन्द मुक्त)

एक पेड़ था सूखा तना
एक भी पत्ता उसमें हरा न था
शाखाएं निकलना जिसकी
बंद हो गयी थी फिर भी,
मजबूती से तना था.....
हरियाली उस पेड़ से कोसों दूर थी।
फिर भी उस पर पक्षियों की भीड़ थी।
वह पेड़ किसी को छाया तक देने के काबिल न था ...
दूर- दूर से पक्षी आकर,
उस सूखे हुए उजड़े से पेड़।
पर बैठ कर सुकून पाते थे।
उन्हें वह सूखा हुआ पेड़ भी,
हरा भरा लगता था वहीं पेड़।
एक समय उनका आसरा था।
उस पेड़ के पत्ते सूख कर झड़ चुके थे।
डालियों में झुकाव आ गया था।
मानो वह पेड़ बूढ़ा हो गया था।
फिर भी मजबूती से तना था।
उसकी जड़ें ममता से परिपूर्ण थी।
उसकी सूखी हुई डालियाँ भी
अपनत्व से ओत-प्रोत थी।
तभी तो उन पक्षियों को छाया दार पेड़,

सूने लगते थे यह वात्सल्य से भरा था।
उन पक्षियों को देख कर मेरा मन भी जागा।
आधुनिकता से दूर भागा।
हर हरी- भरी सुन्दर दिखने वाली
चीज में जरूर कमी होती है
ऊपर से जो सूखा दिखे उसकी
जड़ों में बहुत नमी होती है।
वह पेड़ उन पक्षियों को इसलिए भाता था।
एक जमाने में यही उनका आसियाना था।
जब वह पक्षी घोंसले में रहते थे,
माँ- पिता के लाये दाने ही चुगते थे ।
अब वह पक्षी बहुत बड़े हो गए है।
दूर- दूर जाकर अपना दाना चुगते है।
किन्तु उस सूखे हुए पेड़ की ममता।
को अब भी नहीं भूले थे ।
जिसकी छाया में वो पले बड़े है।
यह देखकर लगता है कि सुमन
हम मानवों से तो पक्षी ही बड़ें है।
हम मानवों से तो पक्षी ही बड़ें है।

50. यातायात (छंद मुक्त)

घर से यदि अपना कोई बाहर, निकलें तो प्रार्थना करना।

सुरक्षित लौट कर आये, ये प्रार्थना करना।

सड़कों की भीड़ भाड़ , हड़बड़ाहट मन की।

बैचैन कर जाती है , जल्द बाजी हर किसी की ।

सड़कों पर दूर तक , लगा जाम तो।

तन मन को भर देता है।

ऐसे में किसी का, स्पीड में आना तो।

समझो घायल ही, कर देता है।

तब कोई देर से ही सही पर,

लौट कर आये ये प्रार्थना करना....

साईकिल और बाइक, की तो बात क्या करें ।

बसों और कारों का , भी यही हाल है।

हर कोई अपने मुकाम पर,

जल्दी पहुँचने को बेहाल है।

कोई किसी की परवाह , सड़कों पर नहीं करता।

पुलिस से और कानून से नहीं डरता।

क्योंकि पुलिस छोड़ देती है, कुछ भी लें दें कर।

भुगतना पड़ता है राहगीरों, को जान पर जोखिम लेकर।

ऐसें में कोई सफल सफर से घर आये

ये प्रार्थना करना.....

राहगीर तो हम सभी है , सड़कों पर और जीवन में।

किन्तु लापरवाही हमें दुर्घटना ग्रस्त कर देती है।

जरा सोचो जिसे टक्कर दे रहे हो ,

वो भी किसी घर का चिराग है।
किसी का जीवन है किसी का सुहाग है।
थोड़ी समझ , धीरज दिल में भाव बंदगी का ।
सुंदर सपना सदा सजाओ, सबकी सुखी जिन्दगी का।
सुमन सफर का सही आनंद आये प्रार्थना करना...
घर से यदि.....

51. शब्द तो बिखरे पड़े संसार में

शब्द तो बिखरे पड़े संसार में ,

श्रृंखलाओं में पिरोना है कठिन तप।

साज सज्जा रूपसी का कर्म है,

भाव को कविता बनाना है कठिन तप ।

प्रेरणा बनती सदा ही वो कला,

जिस कला के साथ में संघर्ष हो।

राह में मिलते अनेकों ही पथिक पर,

किसी आदर्श से मिलने में होता हर्ष हो।

तब किसी की प्रेरणा उर, में बसाना है कठिन तप....

मन के.....

ऊर्जा होती किसी के शब्द में ,

नूर होता है किसी के नयन में।

सहजता होती किसी के भाव में,

तब श्रेष्ठता होती है शब्दों के चयन में

नीर बहता तो है कल -कल के स्वरों में

बाँध कर दरिया बनाना है कठिन तप

मन भाव......

शब्द का सौंदर्य होता अर्थ से,

अर्थ देता प्रेरणा मनो भाव को।

भाव में होती है जब निष्कामता,

तब कल्पना ही रचती है सद्भाव को।

दूसरों को मात देकर जीतना तो सहज है

विजित होकर हार को भी, जय बनाना है कठिन तप...
मन के...
कलम की सुई में पिरोकर ,
गूँथ दी शब्दों की माला।
सूर ,तुलसी,भी है वो,
दिनकर, महादेवी, निराला।
रख दिया साहित्य का अंवार रच कर कि
उसमें चार कंकड़ यूँ मिलाना है कठिन तप...
मन के...

52. चूड़ियाँ

जिन्दगी में रंग, सजाती है चूड़ियाँ।
हम नारियों को दिल से , लुभाती है चूड़ियाँ।
प्रियतम अगर देखें तो, है ये प्यार चूड़ियाँ।
कोई मन चला देखें तो , है तकरार चूड़ियाँ।
हाथों में पिरोये तो, है झनकार चूड़ियाँ।
गर टूट के गिर जाये, तो तलवार चूड़ियाँ।
है जिन्दगी की नाव, की पतवार चूड़ियाँ।
प्रियतम को सदा पास, बुलाती है चूड़ियाँ..
हम.......
सदा प्रेम का संदेश ,चूड़ियाँ ही दिलाती ।
रीति रिवाज मान व सम्मान सिखाती।
अपनों के बीच , प्रेम चूड़ियाँ ही बढ़ाती।
जीवन में मुश्किलों से पार चूड़ियाँ लाती।
धीरज व धर्म मन में बसाती है चूड़ियाँ...
हम.....
चूड़ी ही सदा नारी का सम्मान बढ़ाती।
सौभाग्य सुख व शांति , चूड़ी ही है लाती ।
पैसों के मूल्य से कभी, आँकी नहीं जाती।
सौभाग्य का प्रतीक, है सौभाग्य ही लाती ।
बाबुल के घर से सजन, घर लाती है चूड़ियाँ....
हम .....
ममता दया क्षमा का है ये रूप चूड़ियाँ।
नारी की शक्ति का है ये स्वरूप चूड़ियाँ।

माना कि जिंदगी का है प्रारूप चूड़ियाँ।
हर उम्र में सम्मान दिलाती है चूड़ियाँ .....
हम...

.

चूड़ीं व साड़ी बिन्दी, और सिंदूर लगाना।
नये दौर की नारी को, ये लगता है पुराना।
चूड़ी पर नजर पड़ते, नजरिया है बदलता।
हर दिल सदा सम्मान, के सांचे में है ढलता।
हर स्त्री की लाज बचाती है चूड़ियाँ....
हम .....

53. नववर्ष

अपना यह पावन पर्व नहीं।
है अपना यह नव वर्ष नहीं।
चंद माह अभी है इंतजार।
है अपना यह उत्कर्ष नहीं।

माना कि अपने काम सभी।
होते हैं उसी कलेंडर से।
संवत्सर का अस्तित्व नहीं।
वर्चस्व है उसी कलेंडर से।
फिर भी मन में निज संस्कृति का,
क्यों थोड़ा सा स्पर्श नहीं ...

प्रकृति दुबकी सी लगती है।
अंधकार धुंध भी छाया है।
प्रकृति का रूप निखरा ही नहीं।
कैसा नव वर्ष मनाया है।

हम सब शामिल हैं इसी दौड़ में,
क्यों कोई विचार विमर्श नहीं......
चैत्र मास की शुक्ल पक्ष में।
तिथि प्रतिप्रदा आयेगी ।
तब अपना नूतन वर्ष मनेगा।
घर- घर हरियाली छायेगी ।

तब माँ गौरी की पूजा का
आयेगा क्यो निकर्ष नहीं.....
है यही आशा मेरे मन की ये,

देश सदा खुश हाल रहे।
विपदा के बादल छँट जायें,
चिर हर्षित सालों साल रहें।
संस्कृति का अस्तित्व बचाने,
योग्य क्या निज संघर्ष नहीं ....

54. पुष्प का जीवन

फूलों से ज्यादा कोमल , कोई और नही होता।
काँटों के संग रहकर, कोई और नही सोता।
सर्दी- गर्मी, बारिश को, वह खुलकर सहता है।
फूलों से ज्यादा कीर्ति मान ,कोई और नहीं होता।
जीवन उनका निर्भर होता, है सबकी खुशियों पर ।
मन मोहक होते हैं ये , औरों के मुस्काकर ।
फूल तोड़ने पर भी देखो ,हाथ महक जाते।
अपना लेते हैं ये सबको ,कांटों में भी हँसकर।
माला गूँथों फूलों की या कदमों तले बिछाओ।
मंदिर, मठ, या गिरजाघर , शव पर इन्हें चढ़ाओ।
सुन्दरता व खुशबू से ये है परिपूर्ण सदा।
नदी ,कुआँ ,तालाब , बाबड़ी, में भी खूब बहाओं।
धूप मिले तो जीवन रवि, सम तेज चमकता है।
वारिस की बूंदों से , मोती जैसा लगता है।
सुख व दुख के अंतर, का भी भान नहीं होता।
और पवन के छोकों से, खुशबू बिखराता है।
सुंदरियों का बन श्रृंगार, ये उन्हें सजाता है।
गहने के जैसा अंग -अंग, में पहना जाता है।
सुमन पुष्प के जीवन में , अभिमान नही होता।
प्रेम संदेशा भी फूलों, से भेजा जाता है ।

55. गौ माता

गौ माता के रोम- रोम, में देव देवियों का डेरा है।
गौ माता से शुभ संध्या है , गौ से सुखद सबेरा है।
गाय हमारे देश में यूँ ही, माता नहीं कही जाती है।
माँ जैसा स्नेह लुटाती, प्रेम की पूरी परिपाटी है।
दूध बहुत हितकर होता हैं , मक्खन, मिठाई भाती हैं।
गौ- मूत्र व गोबर तक से , कई औषधि बन जाती है।
कंडे की अग्नि पर घी की आहुति देने पर तो।
वातावरण शुद्ध होता है, बनता प्राण वायु घेरा है ...
.

जिस भूमि पर स्वयं प्रभू ने, आकर गाय चराई हैं ।
वेद, शास्त्र, उपनिषद, भागवत भी में महिमा गाई हैं ।
नज़र लगी जब कान्हा को , माँ दौड़ी दौड़ी आई हो।
गाय की पूँछ से लगा के झाड़ा माँ मन में हर्षाई हैं।
ऐसे देश में गाय कट रही, इससे दुखद नहीं है कुछ
मानव- मानव रहा नहीं अब तो स्वार्थ का प्रेरा है..
प्रात हुआ गौ के दर्शन से, संध्या वंदन गौ माता है।
कोई पुन्य तीर्थ न करो, सारे फल की वो दाता है।
ऋदि- सिद्ध, सुख, शांति समृद्धि, यश वैभव सब आता है।
जिस घर में गोमाता को, श्रद्धा से पूजा जाता है।
जीवन की तो बात करें क्या , मृत्यु के उपरांत भी देखो
वो वेतरणी पार करें, कटे जन्म जन्म का फेरा है ....

56. आँसुओं की धार

आँसुओं की धार, दिल पर सह रहा है।
हर हदय हो कर, व्यथित यह कह रहा है।
हे प्रभु इस जगत, का संज्ञान लो ।
हो सुखी सब लोग, ऐसा ज्ञान दो ।
क्यों नहीं मानव में, मानवता रही अब।
क्यों नदी सद्भाव, की बहती नही अब।
काट कर जंगल, महल क्यों बन रहे हैं।
साथ रह कर दूर ,क्यों अब मन रहे हैं
आज पशुवत हो, गया व्यवहार क्यों?
सिर्फ औपचारिकता ,बने त्यौहार क्यों?
भावनाये नित्य आहत हो रही है।
वेदनाएं हर हदय , में रो रही है।
छोटे से दिल में, बहुत नफरत बसी।
हर कदम पर आज है आफत बिछी।
क्यों नहीं हम सोचते , क्या हो रहा हैं।
संवेदनाएं क्यों ये मानव को रहा हैं।
आज अस्मत , बेटियों की लुट रही।
देख कर सुन कर, ये छाती फट रही ।
हर कोई जब, चैन से रह पायेगा ।
भाव मानवता , का मन में आयेगा।

❧❧❧

57. हम मना रहे नियमित बसंत

हम मना रहे नियमित बसंत...
न हल है न हरियाली हैं, बंजर भू खाली- खाली हैं।
हैं कंक्रीट बाजार यहाँ, न बागानों में बहार यहाँ।
सरिता धारायें सूख गईं, संवेदनाएं भी रुठ गईं।
छल छद्म भेष धर रहे संत......
हम मना......
संस्कृति का नित हो रहा क्षरण ,हो रहा धर्म का अनावरण।
नित परम्पराएं रुठ रही, सीमाएँ दिन प्रति टूट रही।
छल, कपट, दंभ ,बन गये हुनर, आदर्श ,चरित्र अब गये बिखर ।
हम हर्षित है फिर भी अनंत..
हम मना.....
न पनघट न पनहारी है , न स्नेह -प्रेम मनोहारी है।
सब कुआं बाबडी सूख गये, जल स्रोत सभी अब रूठ गये।
तप रहा सूर्य भी तो प्रचंड , मानवता भी है खंड खंड ।
न निष्ठा वान है कान्ता कंत....
हम मना......
सौभाग्य मनुज के फूट रहे , अपनों को अपने लूट रहे ।
बाजार हुआ अब व्यभिचारी, हर जगह है काला बाजारी।
न शुद्ध कोई खाद्यान्न रहा , न जीवन अब सामान्य रहा ।
विपदाओं का अब नहीं अंत ....

हम मना.....
मानव ने खुद बोएँ काँटे , पड़ रहे प्रकृति के अब चाँटे ।
बढ़ रहे प्रदूषण भिन्न भिन्न , हर प्राणी रहता खिन्न खिन्न
।
सुख की केवल आशायें हैं, पग -पग पर अब बाधायें हैं।
कह रहे यही सब दिग- दिगंत..
हम मना.....

58. गंगा में

विष्णुपदी में पैर नहीं धोये जाते ।
मल -मल कर फिर , खूब नहाओं गंगा में।
घाटों पर अक्सर , शौचालय खोजें जाते।
और सीवर लाइन, खूब बहाओं गंगा में।
फूल और मालाओं का, निस्तार निषेध हैं।
केमिकल मय कचरा भी, खूब बहाओं गंगा में।
गहराई तक भृष्ट हो, गया सिस्टम सारा।
शुद्धिकरण के आंदोलन , खूब चलाओ गंगा में।
केंद्र और राज्यों ने, पैसा खूब दिया है।
तुम भी खाओ हम, भी खाये गंगा में।
नाम पर गंगा मुक्तिकरण, के खूब कमाते ।
पाप निवारण की, क्षमता है तो गंगा में।
एक बूंद भी स्वर्ग , दिला सकती मानव को।
प्रभु का दर्शन भी, हो जाता है गंगा में ।
हे प्रभु गंगा -यमुना को, फिर निर्मल कर दो।
श्रद्धा सुमन समर्पित, करती हुँ गंगा में ।

59. दिए जलाएँ

दिए जलाएँ तम हरने को।
बैर भाव हरने को।
हर्ष और उल्लास बढायें।
हृदय प्रफुल्लित करने को।
रहे न कोई वंचित सुख से।
यह संकल्प हमारा हो।
मानव हैं तो मानवता की।
रक्षा ध्येय हमारा हो ।
रहे दिवाली जैसा रोशन।
जीवन का सबका पल -पल ।
खुशी, प्रेम, सद्भाव, समर्पित।
करने को हम हो आतुर।
आतिशबाजी से कितनी।
हानि होती हैं ये जानें।
पर्यावरण प्रदूषित कर के।
खुशी न अपनी हम मानें।
दिये जलाओ अपनों के ।
संग खाओ खूब मिठाई।
स्वस्थ्य, सुरक्षित सबका।
जीवन दीपावली बधाई।

60. यह राष्ट्र एक अम्बर जैसा

यह राष्ट्र एक हैं अम्बर जैसा हैं , वीर सिपाही तारे है।
भारत माता को तो अपने , पुत्र प्राण से प्यारे हैं।
कितने तारे रोज डूबते है , इस नभ के अन्दर।
राष्ट्र प्रेम का फर्ज निभाने , वीर पुरुष जो आते ।
माता- पिता, पुत्र -पत्नी का , मोह छोड़ एक पल को।
राष्ट्र प्रेम के खातिर ही , वो सिंह पुरुष बन जाते।
सीम पर हो या शहीद हों , शहर की नामी गलियों में।
उन्हें मारने वाले केवल , बँधते है हथकड़ियों में।
आतंकी गर जिन्दा पकड़ा, जाये तो उसको रखते हैं।
वर्षों -वर्षों तक बस उसकी , खातिरदारी करते हैं।
चोर, लुटेरे, शातिर डाकू , हत्यारे और व्यभिचारी।
इनको भी जिन्दा रखने की , संविधान की लाचारी।
कैसें देश द्रोह मिट सकता , कैसे स्वस्थ समाज रहेगा।
अपराधी के मन में जब तक , कानून का थोड़ा भय न रहेगा।
न जेल हो न वेल हो ,न तारीखों का फंडा हो।
एनकाउंटर ही बस इनकी , सजा का एक हथकंडा हो ।

61. एक संस्मरण

गुजरे हुए वक्त के साथ,
गुजर जाता हैं जो भी।
कितना भी अज़ीज़ हो वो
क्यों न हो माता पिता ही।
रक्त का एक -एक कण उन्हीं का दिया हैं।
जीवन में विश्वास की ज्योति वो ही जगाते हैं।
शिक्षा , संस्कार की मजबूत नींव डालकर।
अधर में छोड़ कर कहाँ चले जाते हैं।
कितनी मुश्किल से पालते व पढाते हैं
मेरे बच्चें हो सबसे अच्छे ये स्वप्न सजाते हैं।
संघर्ष वो पिता का ही है जो,
बच्चे लायक बनते हैं।
दुनिया में केवल माँ- पिता ही,
निस्वार्थ प्रेम करते हैं।
बच्चें आँखों का काजल हैं,
धमनियों में बहती लहू धारा हैं।
सामाजिक विषम दिशा में
वो ही एक किनारा है।
जिनके बिना रहना एक भी पल,
दिल सोच के बस घबराता है।
उनके हिस्से में ही केवल,
वर्ष का एक दिन आता है।

62. शहीदों को श्रद्धान्जलि

नीर नयनों से निरन्तर बह रहा है।
हर हृदय होकर व्यथित, यह कह रहा हैं।
चीर दो छाती जिन्होंने, वीर माटी में मिलायें।
आज माँ के लाडलों ने, भूमि पर है, सिर चढायें।
क्या यही है मातृभूमि, की अनौखी एक पूजा।
चाह कर भी रास्ता, मिलता नही है और दूजा।
छुपकर करना वार सदाँ, कायरता ही कहलाता है।
वार सामने से करना उस ,सियार को कब आता हैं।
भारत माता तेरी पूजा, सतत निष्ठ हो चलती हैं।
किन्तू सदाँ यह कायरता , वीरों को ही छलती हैं।
कितना साहस कितना , जज्बा लेकर वीर निकलते हैं।
किन्तू देश की आस्तीन, में सदाँ सपोले पलते हैं।
अच्छा तो हम चलते हैं , यह बेटों ने बोला होगा।
सुनकर के यह शब्द हृदय, माँ का कैसे बोला होगा।
और पिता के चरणों में वो, ही प्रणाम अब अंतिम हैं।
घर से हँसते हुए निकलना , गलियों में वो अंतिम हैं।
याद करो जब सिर सहलाया, होगा बेटों का वीरों ने।
कब आओगे और कहा होगा, आँखों के नीरो ने ।
कितने सपने तो बुनने से पहले टूट गये होगे।
जाने कब से मिले नही थे, अपने रुठ गये होंगे।
कभी मिलेंगे नही हाय!! यह सोच कर दिल बैठा होगा।
हुये शहीद लाल जिस घर के, वो घर अब कैसा होगा।
कैसे धीरज रक्खा होगा , माँ ने बेटे खोने पर।

सीना छलनी नही हुआ क्या? आज पिता के रोने पर ।
प्रियतम हैं परदेश भले ही पर साहस तो रहता हैं।
अब तो कभी नहीं आयेंगे, कोना कोना कहता हैं।
साज और श्रृंगार ने भी तो , कैसे दामन छोड़ दिया।
चूड़ी कंगना पायल बिछिया, ने भी नाता तोड लिया।
कैसे वो पल भुला सकूँगी , खुद ने माँग सजाई थी।
चुटकी भर सिंदूर से ही तो, वामा बनकर आई थी।
नन्हे -नन्हे बच्चें जब , सहमे- सहमे बैठे होगें।
सृष्टि के उन रचनाकारों से कितने रूठे होंगें।
भारत माँ के वीर सपूतों को, शत बार नमन हैं।
सदा रहेंगे याद शहीदों, को कोटिक वंदन हैं।

63. सुभाषचंद्र बोस

मातृभूमि तेरे स्नेह में,
बंधकर कितने वीर गए।
निजता से ऊपर उठकर,
दुश्मन की छाती चीर गए।
कितनी माताओं ने अपनी,
गोदी के फूल चढ़ाए थे।
और प्रियतमाओ ने निज,
सुख सौभाग्य लुटाए थे।
आजादी की बलिवेदी पर,
जो बलिदानी वीर हुए।
जज्बात जोश रहा है ऐसा कि,
खुद ही वो शमशीर हुए,
नेताजी सुभाष का भी,
जीवन संघर्षों वाला था।
बचपन से ही आजादी का,
स्वप्न हृदय में पाला था।
स्वतंत्रता के लिए सुभाष जी,
ने घर आंगन छोड़ दिया।
राष्ट्रप्रेम के प्रबल वेग ने,
उनका ऐसा रुख मोड़ दिया।
स्वतंत्र देखना भारत को,
उनको प्राणों से प्यारा था।
खून मुझे दो मैं दूंगा,

आजादी उनका नारा था।
राष्ट्रप्रेम की अलख जगा कर,
वह कैसे अदृश्य हुए।
रही रहस्य मौत उनकी,
संदेश नहीं स्पष्ट हुए।
आजादी के दीवाने को,
शत्-शत् बार नमन है।
श्रद्धा "सुमन" समर्पित करके,
हृदय से उनको बंधन है।

64. उत्तर प्रदेश

है सर्वश्रेष्ठ यह देश हमारा,
भारत बड़ा महान है।
लेकिन एक उत्तर प्रदेश,
इस पूर्ण राष्ट्र की जान है।
विविध संस्कृतियों को लेकर,
बैठा है प्यारा यू.पी.।
29 राज्यों में बड़ा सभी से,
न्यारा है मेरा यू.पी.।
गंगा यमुना सी पावन सरिता,
इस प्रदेश में बहती हैं।
संगम सा पावन पवित्र तीर्थ यहां की शान है।
लेकिन एक उत्तर प्रदेश.....
राम अवध में जन्मे है,
शंकर को भाई है काशी।
मथुरा में जन्मे गिरधारी,
हैं ब्रह्म यहाँ कण-कण वासी।
कुशीनगर में बुद्ध ने जाकर,
पाया ज्ञान महान है।
लेकिन एक उत्तर प्रदेश.....
इस मिट्टी से वीरों का भी,
बड़ा पुराना नाता है।
बुंदेलों हरबोलों ने भी,
गाई जिसकी गाथा है।

अंग्रेजों को मात दे गई ऐसी एक रानी जन्मी
याद रखेगा भारत लक्ष्मी बाई का बलिदान है.....
सूर, कबीर, दास तुलसी से,
ज्ञानी, ध्यानी, संत हुए प्रेम चंद, जयशंकर,
मैथली निराला सरिस अनंत हुए।
महावीर, महादेवी ने भी गाया गुणगान है .....
लेकिन एक उत्तर प्रदेश...